VERRIÈRES PEINTES

DE

LA NOUVELLE ÉGLISE D'ÉCOMMOY.

VERRIÈRES

PEINTES

DE LA NOUVELLE ÉGLISE D'ÉCOMMOY.

NOTICE HISTORIQUE

ET DESCRIPTIVE,

PAR M. L'ABBÉ LOTTIN, CHANOINE DE L'ÉGLISE DU MANS.

LE MANS,

IMPRIMERIE DE MONNOYER, PLACE DES JACOBINS.

1843.

~~1844~~

OBSERVATIONS PRÉLIMINAIRES.

Les habitants d'Écommoy (Sarthe) viennent de faire reconstruire leur église paroissiale. Tous, à la voix de leur zélé pasteur (M. l'abbé Fouquet), se sont empressés de concourir à cette reconstruction, chacun selon ses moyens. De son côté, l'architecte, M. Delarue, architecte du département de la Sarthe, a eu la sage pensée de revenir au style ogival, dont il est si regrettable que la France se soit éloignée si longtemps. Ce retour fait plaisir aux nombreux amis de notre veille architecture nationale.

Mais une église gothique demandait des verrières coloriées. Autre dépense; autre difficulté. Faute de ressources, on a dû se contenter de verres de différentes couleurs, agencés entr'eux de manière à former des mosaïques. Cependant un nouveau bienfait de deux dames estimables (Mme et Mlle Lemercier) a mis à même d'historier les trois grandes verrières absidales. C'est la description de ces trois verrières que nous entreprenons.

Le hameau ou bourg d'Écommoy paraît fort ancien. Dès les VIIe, VIIIe et IXe siècles, les historiens de la province du Maine en font mention, sous les noms d'*Iscomodiacus* et de *Scomoiacus*. Son titre paroissial doit remonter jusqu'à la première origine des paroisses; et, de temps immémorial, son patron est S. Martin, évêque de Tours. Il est même probable que ce patronage de l'église ou des habitants n'est pas de beaucoup postérieur à la mort de S. Martin. D'après ces faits et ces données, il était naturel, il était d'une haute et pieuse convenance d'emprunter à la légende du célèbre évêque de Tours les sujets qu'il s'agissait de représenter dans les verrières.

Mais fallait-il adopter le système des grandes figures, ou celui des médaillons? Était-il préférable de viser à l'effet d'ensemble, ou à la perfection des détails? Les grandes figures, les figures colossales, on le sait, couronnent admirablement la partie supérieure de nos antiques cathédrales : mais, pour produire cet heureux effet, il faut, qu'elles ne soient vues qu'à de grandes distances. De près, elles présentent inévitablement de trop fortes masses des mêmes couleurs. Le système des médaillons ou des petites figures a donc paru devoir être préféré pour les fenêtres d'Écommoy, qui sont peu élevées et dont toutes les parties sont parfaitement visibles à l'œil nu. Ce système, d'ailleurs, a permis de détacher de la riche légende de S. Martin un plus grand nombre de sujets, de donner plus d'action aux personnages et aux tableaux, et surtout de mettre plus de variété et d'harmonie dans l'ensemble des couleurs. D'un autre côté, l'on a dû négliger un peu le fini des détails : ce genre de perfection aurait été par trop dispendieux. Il eût été, d'ailleurs, d'une assez faible importance pour l'effet général, dont on s'est avant tout préoccupé, à l'exemple des peintres verriers du XIIIe et du XIVe siècle.

C'est principalement le XIIIe siècle qu'on a pris pour modèle; c'est au XIIIe siècle qu'on a emprunté les desseins des panneaux, les bordures, les encadrements, la plupart des détails de marqueterie et d'ornementation, l'architecture, les vêtements, les coutumes. Mais, si par la pensée l'on a cherché à se placer dans les conditions du XIIIe siècle, l'on n'a pas cependant entendu s'y renfermer, comme dans une prison où rien de la vie actuelle n'aurait pénétré. Depuis cette époque, six autres siècles se sont écoulés, et ces siècles n'ont pas été sans résultats utiles pour nous : il ne pourrait pas y avoir de mérite à n'en pas profiter. Ainsi la chimie a beaucoup perfectionné les matières premières de la peinture ; la peinture elle-même a conquis l'art de la perspective, et emprunté à l'anatomie ses connaissances pour mieux imiter la nature ; l'histoire, plus sérieusement étudiée, nous a révélé un grand nombre de faits anciens, dont nous ne pouvons pas ne pas tenir compte. Ce qui convenait alors, ne conviendrait pas toujours aujourd'hui. Surtout, on n'a point perdu de vue que, selon la grave recommandation du saint concile de Trente (*Sess. XV*), « rien de profane ou d'inconvenant » (*nihil profanum, nihilque inhonestum appareat*) ne doit pénétrer dans ces sortes de peintures. Les vitraux peints d'Écommoy sont donc, non une copie servile, mais une imitation libre et raisonnée des vitraux du XIIIe siècle; et, s'ils sont inférieurs en quelque chose à leurs originaux, nous croyons aussi qu'ils leur sont supérieurs sous plus d'un rapport.

La composition et le dessein des cartons, la distribution des couleurs, en un mot, l'œuvre artistique proprement dite est due à la collaboration bénévole de M.***, qui a bien voulu consacrer ses heures de loisir à cet important travail. Sa modestie ne nous permet pas d'en dire davantage.

Le mérite de l'exécution appartient à M. Fialeix. M. Fialeix, ancien élève de la manufacture de Sèvres, a déjà exécuté, depuis 1841, de nombreux travaux en ce genre, pour diverses localités du diocèse du Mans, et ces travaux lui ont mérité des témoignages de satisfaction et d'encouragement bien flateurs, aux expositions industrielles de Tours, du Mans, d'Angers et d'Alençon.

Tels sont les motifs qui ont déterminé, les pensées qui ont dirigé, les fins qu'on s'est proposées, les efforts qu'on a faits. Sous le rapport de la Religion, le seul vraiment sérieux et utile, l'on a eu le désir de répandre dans le sein de la société catholique de salutaires enseignements, en mettant sous les yeux de tous, et en rendant en quelque sorte populaires les principaux traits de l'histoire légendaire du saint patron d'Écommoy, de ce S. Martin, qui a toujours été considéré comme la lumière et la gloire de toutes les églises des Gaules; l'on a eu encore le désir d'étendre autour de l'abside de la nouvelle église de grandes et magnifiques mosaïques, qui, par leurs reflets divers, pussent plaire à l'œil, rehaussent la beauté de la maison de Dieu et contribuer à la majesté des saintes solennités : ce double but, qu'avec le concours des bienfaiteurs et des artistes, l'on a voulu atteindre, l'a-t-on atteint, en effet? En a-t-on du moins approché? Le public le dira.

Les trois verrières portent, pour signatures, dans leur bordure inférieure, savoir :

I. E. H. DEL.

II. EX DONO M. ET M. LEMERCIER, MATRIS ET FILIE.

A. M. DCCC. XLIII.

III. F. FIALEIX PINXIT.

VERRIÈRES

PEINTES

DE LA NOUVELLE ÉGLISE D'ÉCOMMOY.

LÉGENDE DE SAINT MARTIN.

La légende de S. Martin est une des plus riches, des plus intéressantes et des plus authentiques que l'histoire ecclésiastique offre à notre exemple ou à notre admiration. Parmi tant de saints qui ont illustré le IVe siècle, S. Martin brille au premier rang : et, par l'héroïsme de ses vertus, l'éclat de ses miracles et ses grandes conquêtes sur le paganisme druidique ou romain, il a mérité d'être considéré comme le nouvel apôtre de la Touraine, et comme le thaumaturge de l'Occident, ainsi que S. Grégoire de Néocésarée l'a été de l'Orient. Aussi, est-il le premier confesseur des Gaules que l'Église ait honoré d'un culte public.

Il ne peut entrer dans nos intentions de donner ici, même en abrégé, l'histoire de la vie de S. Martin. Cette vie se trouve dans tous les recueils hagiographiques. Ceux qui aiment à remonter aux monuments primitifs, trouveront les renseignements les plus sûrs et les plus explicites dans S. Sulpice Sévère et dans S. Grégoire de Tours, renseignements qui ont été répétés et confirmés par Paulin de Périgueux et par S. Fortunat, ou, pour mieux dire, par tous les auteurs contemporains ou postérieurs. Le premier, S. Sulpice Sévère, homme d'une grande naissance, avait vécu plusieurs années avec S. Martin ; et, dans son 3e Dialogue, il prend Dieu à témoin qu'il n'a écrit, que ce qu'il a vu de ses propres yeux, ou appris de témoins certains, et souvent de S. Martin lui-même. Le second, S. Grégoire de Tours, qui a occupé le même siége épiscopal, un peu moins de deux siècles après, était également bien placé pour connaître la vérité de ce qu'il rapporte de son saint prédécesseur. Telles sont les deux sources principales où nous avons puisé nous-même. Pour éviter les citations de détail, qu'il nous suffise de l'avoir déclaré ici.

Les 3 verrières comprennent 45 panneaux ou sujets, 15 chacune. La première verrière expose la vie de S. Martin, avant son épiscopat ; la seconde fait connaître les principaux traits de son épiscopat, et enfin la troisième rappelle quelques-uns des évènements les plus importants qui se sont passés autour de son tombeau ou qui ont illustré sa mémoire. Ce classement général des faits était nécessaire, pour que chaque verrière pût former un tout séparé, et néanmoins se coordonner avec les autres, de manière à former un ensemble avec elles.

A toutes les époques de sa vie, S. Martin a eu à combattre et à souffrir pour la foi et la défense du mystère de la très-sainte Trinité. S'il fut persécuté, frappé publiquement de verges et exilé, d'abord de l'Illyrie, et ensuite du Milanais, c'est qu'il était opposé à l'hérésie d'Arius. Si, pendant son épiscopat, il eut à endurer de si cruelles souffrances morales, dans l'affaire des Priscillianistes et des Ithaciens, c'est encore parce que le même dogme était attaqué, et que lui-même combattait l'erreur, sous quelle que forme qu'elle se présentât. On lui attribue aussi (*Longueval, I.* 386) une profession de foi sur la Trinité, qui a été insérée dans la collection des conciles des Gaules (*tom. I.*), et qui a conservé, même après sa mort, le souvenir de la pureté de ses sentiments sur cet auguste mystère.

Cette considération a engagé à placer le mystère de la Trinité dans le tympan de chaque verrière, afin qu'il domine et protége en quelque sorte toute la légende, et chacune de ses trois grandes époques. Et, pour représenter la très-sainte Trinité, on a emprunté au moyen âge sa forme la plus usitée et la plus approuvée : on a représenté *Le Père éternel, tenant sur sa poitrine son Fils en croix, et uni à lui par le Saint-Esprit sous la forme d'une colombe.* « Cette repré- » sentation, dit M. Robert, pleine d'une poésie profonde, est » restée la plus populaire (*L'Université Cathol., VI.* 432). » En effet, ce symbole, que nous trouvons dès le XIIe ou le XIIIe siècle (*Seroux d'Agincourt, V. pl. CCCIII*), a continué d'être en usage, presque jusque dans nos temps modernes.

Selon la coutume la plus généralement adoptée, les sujets de nos verrières se lisent de gauche à droite, comme l'écriture; mais, contrairement à l'écriture, les lignes se suivent de bas en haut.

TRAITS DE LA LÉGENDE DE S. MARTIN.

1. S. Martin naquit, vers 316 ou 319, à Sabarie, ville de la Pannonie (aujourd'hui la Hongrie), dont on voit encore les ruines sur le Raab, l'un des affluents du Danube. Il fut amené, encore enfant, à Pavie, dans le Milanais, et y reçut sa première éducation. Bien qu'appartenant à des parents idolâtres, il aimait à fréquenter les assemblées des chrétiens, et il se fit recevoir au nombre des catéchumènes, n'ayant encore que 10 ans.

S. Martin, enfant, laissant derrière lui une idole mutilée, s'avance vers une église chrétienne. DECENNIS, IAM CATECHVMENVS (Catéchumène, dès l'âge de dix ans).

2. A l'âge de douze ans, S. Martin voulut embrasser la vie érémitique, mais la faiblesse de son âge ne lui permit pas d'accomplir son pieux dessein. A l'âge de quinze ans, il fut contraint d'entrer dans la carrière des armes, qui était celle de son père. Il sut éviter les vices qui si souvent désho-

norent cette noble profession, et il ne tarda pas à se concilier l'estime et l'affection des chefs et des soldats par sa douceur et sa patience, et surtout par son cœur compatissant et généreux. Sobre et dur envers lui-même, il ne retenait de sa paye que ce qui lui était strictement nécessaire, et distribuait aussitôt le reste aux pauvres, sans jamais se préoccuper du lendemain. Un jour, pendant un hiver tellement rigoureux, que beaucoup de pauvres mouraient de froid, l'armée rencontra aux portes d'Amiens un mendiant qui n'était pas même vêtu. Déjà l'armée était passée, et personne n'en avait eu pitié. S. Martin crut que Dieu lui avait réservé ce pauvre à secourir; mais que faire? il avait déjà tout donné : il prend son sabre, coupe son manteau, et en jette la moitié au malheureux mendiant, et se couvre comme il peut de l'autre moitié. Quelques-uns de ses camarades se prennent à rire, en le voyant ainsi vêtu d'un habit déformé et tronqué; mais les autres, plus sensés et plus graves, se reprochent de n'avoir pas secouru le pauvre mendiant, lorsque surtout ils auraient pu le faire, sans se dépouiller eux-mêmes.

S. Martin, à cheval, coupe son manteau. Devant lui est le pauvre d'Amiens. AMBIANVM (Amiens).

3. La nuit suivante, S. Martin vit en songe Jésus-Christ vêtu de cette même moitié de sa chlamyde, qu'il avait jetée au mendiant. Il lui fut enjoint d'examiner avec attention, jusqu'à ce qu'il se fût assuré que c'était bien réellement Dieu qui lui apparaissait, avec la portion de sa chlamyde; puis, il entendit clairement le divin auteur de toute vraie charité dire à un cercle d'anges qui l'entourait : « J'ai reçu ce vêtement de Martin, qui n'est encore que catéchumène. »

Jésus-Christ montre à un cercle d'anges qui l'entoure, la portion de manteau qu'il a reçue de S. Martin, en disant : MARTINVS ADHVC CATECHVMENVS HAC ME VESTE CONTEXIT (Martin, encore catéchumène, m'a couvert de ce vêtement).

4. Loin de s'enorgueillir de la vision céleste dont il venait d'être honoré, S. Martin ne vit dans cette faveur qu'un nouveau témoignage de la bonté et de la miséricorde de Dieu à son égard, et pour lui un nouveau motif de s'attacher à Dieu par des liens plus intimes et par des engagements éternels. Il se disposa donc au sacrement du baptême, qu'il reçut à l'âge de 18 ans, selon S. Sulpice Sévère, ou à l'âge de 38 ans, selon un grand nombre de savants critiques qui croient trouver dans le texte du vieil historien une erreur de copiste (Longueval, *Histoire de l'Église Gallicane*, I. 251).

Baptême de S. Martin : une colombe, planant dans les airs, indique la grâce du baptême.

5. L'on regardait encore à cette époque la profession des armes comme peu compatible avec la profession du christianisme. Cependant S. Martin, cédant aux instances de son tribun, dont il avait toute la confiance et qui lui promettait de renoncer au siècle après le temps de son tribunat, resta encore près de deux ans à l'armée. Il profita, pour demander son congé, de l'occasion d'un donatif que le César Julien, qui devait être plus tard l'empereur Julien l'Apostat, faisait aux troupes, dans le pays des *Vangiones* (aujourd'hui le grand duché de Hesse-Darmstadt, dont la capitale est Worms), la veille d'une bataille contre les barbares du Nord, qui voulaient faire une irruption dans l'empire. S. Martin ne crut pas pouvoir accepter cette libéralité, qui lui semblait devoir être réservée à ceux qui continueraient à porter les armes. Julien lui reprocha sa lâcheté, et lui dit que ce n'était pas le désir de servir Dieu qui l'engageait à se retirer, mais la crainte de se trouver à la bataille qui devait se livrer le lendemain. « Puisque c'est à la lâcheté, et non à » un sentiment de foi qu'on attribue ma démarche, s'écria » S. Martin ; demain, je paraîtrai sans armes à la tête de » l'armée, et au nom du Seigneur Jésus, protégé, non par

» le bouclier ou le casque, mais par le signe de la croix, je » pénétrerai sans craindre à travers les rangs ennemis. » Julien le fit mettre en prison, pour le faire exposer en effet aux Barbares et le forcer ainsi à remplir sa promesse; mais le lendemain, les ennemis firent leur soumission. S'il y a eu quelque chose de surnaturel dans cettte soumission, n'est-ce pas là une victoire digne d'un héros chrétien? Quoiqu'il en soit, S. Martin, ayant enfin obtenu son congé, alla trouver S. Hilaire, évêque de Poitiers, et passa quelque temps sous la direction de cet illustre prélat, qui jouissait déjà d'une grande réputation de piété et de sagesse. Celui-ci ayant bientôt reconnu le mérite de son disciple, voulut se l'attacher plus étroitement, et le consacrer au ministère divin, en lui conférant l'ordre du diaconat. S. Martin s'y refusa, s'en croyant indigne; mais il accepta les modestes fonctions de simple exorciste, fonctions qu'il lui fut donné de rehausser par tant de prodiges éclatants.

S. Martin est ordonné exorciste. S. Hilaire, B. HILAR., *lui remet le livre des exorcismes, pour chasser les démons:* AD ABIICIENDOS DEMONES.

6. Peu de temps après, S. Martin fut averti dans un songe surnaturel de faire un voyage dans sa patrie, où ses parents continuaient à vivre dans les erreurs payennes. S. Hilaire le conjura avec larmes de revenir à Poitiers, et lui-même partit rempli de tristesse, parce qu'il savait d'avance ce qu'il aurait à souffrir. D'abord, s'étant écarté du droit chemin, au milieu des Alpes, il tomba entre les mains d'une troupe de voleurs. Déjà l'un de ces assassins avait levé sa hache pour lui fendre la tête, lorsqu'un autre arrêta le coup. Cependant on lui lia les mains derrière le dos, et l'un des voleurs fut chargé de l'entraîner dans un lieu encore plus désert et de le dépouiller de tout ce qu'il possédait. Mais S. Martin, sans s'effrayer, annonça la parole de Dieu au voleur et le convertit. Ce dernier remit S. Martin sur la

route de Milan. Plus tard, il embrassa la vie cénobitique, et raconta lui-même les détails que nous venons de rapporter.

Au milieu d'un horrible désert des Alpes, S. Martin est attaqué par une troupe de voleurs. Déjà l'un des voleurs a levé sa hache sur la tête du saint, lorsqu'un autre s'empresse d'arrêter le coup.

7. S. Martin traversa Milan et se rendit dans sa patrie, c'est-à-dire, comme nous l'avons déjà dit, dans la Pannonie, aujourd'hui la Hongrie. Il y annonça l'Évangile, et il eut la consolation de gagner à la Foi de Jésus-Christ un grand nombre d'habitants, et, notamment, sa propre mère. Mais son père n'eut pas le même bonheur; rien ne put le détacher du culte des idoles.

S. Martin, en Pannonie, prêche la parole de Dieu, devant une chapelle catholique. Sa mère et plusieurs autres habitants croient à l'Évangile : mais son père repousse la Bonne-Nouvelle, et s'éloigne. MATREM CHRISTO PARIT, PATRE IN IDOLOLATRIA PERSEVERANTE (Il engendre à Jésus-Christ sa propre mère, son père persévérant dans l'idolâtrie).

8. C'était alors l'époque où l'hérésie d'Arius promenait ses violences dans toutes les parties de l'Église, mais plus particulièrement dans l'Illyrie. Bientôt il se forma une conspiration contre le fervent exorciste. Il fut publiquement frappé de verges, et ensuite expulsé du pays. De retour en Italie, apprenant que les hérétiques avaient aussi jeté le trouble dans les églises des Gaules et forcé le grand S. Hilaire à s'exiler, S. Martin se retira à Milan et s'y bâtit à lui-même un monastère. Mais il n'y jouit pas longtemps de la paix. Auxence, évêque de Milan, qui avait embrassé lui-même l'arianisme, et qui s'était déclaré le protecteur et le chef des Ariens, suscita contre lui de nouveaux orages; il l'accabla d'insultes et finit par le faire chasser du Milanais. S. Martin dut céder à la nécessité et se condamner à un nouvel exil. C'est donc avec raison que S. Paulin appelle S. Mar-

tin un illustre confesseur (*manifestissimum confessorem*) de la divinité de Jésus-Christ, ou du mystère de la très-sainte Trinité (*Ep.* 5, *page* 50).

Un groupe d'Ariens, excité par Auxence, AVXENTIVS, *évêque de Milan, maltraite S. Martin et l'expulse de la cité. Dans un coin du tableau, l'on voit le symbole du mystère de la Trinité, pour la foi duquel S. Martin souffre persécution.* AB ARIANIS IMPETITVS AC EXPVLSVS (Persécuté et expulsé par les Ariens).

9. S. Martin, en fuyant de Milan, emmena avec lui, dans son exil, un saint prêtre. Il se retira dans l'île Gallinaire, dans le golfe de Ligurie, aujourd'hui le golfe de Gênes. C'est un très-petit îlot escarpé, qu'on appelle maintenant la Gallinara ou l'île d'Albenga, et qui n'est éloigné de la ville d'Albenga que de quelques lieues. S. Martin vécut dans cette île de fruits et de racines. Il lui arriva un jour de manger de l'hellébore, qui est une plante vénéneuse. Le poison portait déjà le désordre dans tous ses membres, et sa mort était certaine et imminente. S. Martin eut recours à la prière, et il fut guéri soudainement.

Dans un îlot escarpé, au milieu de la mer, S. Martin est en prière, à l'entrée d'une grotte. Au haut du tableau, une main céleste indique que sa prière a été exaucée. Non loin de S. Martin, l'on voit le prêtre qui s'est fait le compagnon de son exil. A VENENATO HELLEBORO, IN INSVLA GALLINARIA, PER ORATIONEM SANATVS (Empoisonné avec de l'hellébore, dans l'île Gallinaire, il obtient par la prière sa guérison).

10. Après environ quatre ans d'exil en Phrygie, S. Hilaire obtint la permission de revenir à Poitiers. S. Martin s'empressa de se réunir à lui. Il en fut accueilli avec la plus grande bonté; et, de son consentement et sous ses auspices, il se retira avec quelques autres moines, à Ligugé, à 2 lieues de Poitiers, où il mena avec eux la vie cénobitique. Au nombre de ses disciples était un simple catéchumène. Ce catéchu-

mène mourut subitement, et sans qu'on eût pu lui administrer le baptême. S. Martin, qui était absent depuis trois jours, trouva, à son retour, tout le monastère dans les larmes, et partagea lui-même la désolation générale. Puis, saintement inspiré, il s'enferma seul dans la cellule du défunt; et, nouvel Élie, il s'étendit sur ses membres glacés, et leur rendit le mouvement et la vie, après deux heures de prières. La joie fut d'autant plus vive dans tout le monastère, que la douleur avait été plus profonde. S. Martin, sans plus tarder, conféra le baptême au catéchumène, et celui-ci vécut encore plusieurs années.

A Ligugé, près Poitiers, S. Martin ressuscite un catéchumène, et le baptise : CATECHVMENVS A MORTVIS SVSCITATVS, AC BAPTIZATVS.

11. Cependant S. Martin continua son établissement de Ligugé, et en fit un véritable monastère. C'est, selon l'opinion la plus commune, le premier monastère qui ait été formé dans les Gaules. Sa fondation doit avoir eu lieu en 360, ou peu après (Le Nain de Tillemont, *Mémoires pour servir à l'histoire ecclésiastique des six premiers siècles, X. 774*).

S. Hilaire, B. HILARIVS, *accompagné de S. Martin et de ses religieux, bénit le monastère de Ligugé.* LOCOCIAGENSE, PRIMVM GALLIARVM MONASTERIVM (Monastère de Ligugé, premier monastère des Gaules).

12. Passant près de la villa d'un homme riche du pays, nommé Lupicin, S. Martin vit que tout le palais était dans l'affliction et les larmes. Un esclave venait de se suicider par la strangulation. S. Martin se fit conduire dans la cellule de l'esclave, se pencha sur son corps, et eut recours à ses armes ordinaires, à la prière. L'esclave revint peu à peu à la vie; et bientôt S. Martin, le soutenant de son bras droit, put le conduire, à travers une foule de familiers, dans la joie et l'admiration, *jusqu'au vestibule* intérieur *du palais,* sans

doute pour le remettre à son maître. La richesse et le nom même de Lupicin (*Lupicinus*) indiquent assez que c'était un romain.

Au milieu du cavédium d'une villa romaine, S. Martin, soutenant du bras droit l'esclave qu'il vient de ressusciter, le conduit vers le vestibule intérieur du palais, pour le remettre à Lupicin, son maître. SERVVS LUPICINI REDDITVS VITE, QUAM IPSE SIBI LAQVEO EXTORSERAT (L'esclave de Lupicin est rendu à la vie, qu'il s'était lui-même arrachée par la strangulation).

13. Cependant l'église de Tours venait de perdre son évêque, S. Lidoire. On désirait S. Martin pour lui succéder; mais S. Martin était loin de vouloir y consentir. Un habitant de Tours, nommé Rurice, feignit une maladie de sa femme, et alla se jeter aux pieds de S. Martin, pour le conjurer de venir la visiter. A peine S. Martin s'était-il un peu éloigné de son monastère, que Rurice et une multitude d'hommes apostés se jettent à ses pieds, en le demandant pour évêque; puis, ils l'entourent de toutes parts et l'entraînent comme en triomphe jusqu'à Tours.

Au fond d'une campagne, Rurice et des hommes apostés se jettent aux pieds de S. Martin, en le demandant pour évêque : MARTINVM EPISCOPVM ! MARTINVM EPISCOPVM ! (Martin évêque ! Martin évêque !)

14. Une innombrale multitude, non-seulement de Tours, mais encore des villes voisines, se réunit pour l'élection. Tous avaient le même désir et la même volonté; tous considéraient S. Martin comme très-digne de l'épiscopat, et estimaient heureuse l'église qui le posséderait. Néanmoins, l'évêque Défenseur et quelques autres des évêques qui étaient venus pour ratifier le choix du peuple, soutenus par un petit nombre d'habitants, disaient qu'on ne devait pas élire pour évêque « Un homme d'un extérieur sans dignité, d'une » figure ignoble, portant des habits sales, des cheveux en

» désordre (*Scilicet, contemptibilem esse personam, indi-
» gnum esse episcopatu, hominem vultu despicabilem, veste
» sordidum, crine deformem*). » Mais, la présence de tant de monde ayant causé quelque embarras dans la célébration des divins offices, et le lecteur ordinaire n'ayant pu fendre la foule, un des assistants prit le livre et tomba fortuitement sur ce passage du psautier : « (Seigneur), vous enseignez, pour la » honte de vos ennemis, la bouche des enfants et des petits » encore à la mamelle à chanter admirablement vos louanges, » afin d'anéantir l'adversaire et le DÉFENSEUR (*Psal*. 8. 3). » On lisait alors, dans l'église de Tours, en cet endroit *defensorem*, au lieu d'*ultorem*, selon l'ancienne vulgate, et on donnait sans doute au mot *défenseur* le sens d'*opposant*. Quoi qu'il en soit, le peuple, selon une croyance qui a régné longtemps dans l'Église, ne manqua pas de faire une application de ce passage à l'évêque Défenseur, et de s'en prévaloir contre lui et contre ses partisans. A partir de ce moment, le choix de S. Martin fut unanime, et les évêques procédèrent à son sacre.

Sacre de S. Martin, évêque de Tours. Le peintre a choisi le moment où l'évêque consécrateur, la cérémonie étant terminée, souhaite au nouveau prélat de longues années de bonheur. B. MARTINVS, EPISCOPVS TURONVM (S. Martin, évêque de Tours).

15. Se rendant à l'église matrice, pendant un froid rigoureux, S. Martin rencontra un pauvre qui n'était pas même vêtu. Il chargea son archidiacre de lui acheter tout de suite une tunique, et il entra dans la sacristie pour se préparer à l'office divin. Ne recevant point ce qui lui avait été promis, le pauvre vint en prévenir S. Martin : celui-ci, peiné du retard qu'on lui faisait éprouver, se dépouilla de sa propre tunique, et la lui donna. Puis, il appela l'archidiacre, et lui demanda de nouveau la tunique du pauvre. L'archidiacre, contrarié, acheta à la hâte, pour 5 pièces d'argent, une

grossière tunique du Bigorre, courte et poilue, qui, selon ce qu'ajoute Durand de Mende, ne descendait que jusqu'aux genoux, et dont les manches ne venaient que jusqu'aux coudes; et il l'apporta à S. Martin. Celui-ci s'en revêtit, sans rien dire, et commença l'office. Mais Dieu ne permit pas que ce trait de charité demeurât inconnu. A l'*inlation* ou préface, lorsque S. Martin élevait les bras en croix, il parut au-dessus de sa tête un globe de feu, qui attestait l'effusion du Saint-Esprit en lui, et qui, pour cette raison, a donné lieu de le comparer aux apôtres eux-mêmes. La liturgie du Mans, depuis 1749, parle de ce prodige en ces termes : » Seigneur, faites reposer sur nous l'esprit de votre crainte » et de votre amour, désigné par ce globe de feu qui apparut » au-dessus de la tête de S. Martin, pendant qu'il célébrait » vos saints mystères (*Missel*). » Ce miracle eut lieu au milieu d'une grande multitude de peuple, et cependant il ne fut remarqué que par une moniale, par un prêtre et par trois moines. Selon le récit de Durand de Mende, il y eut au même moment un autre prodige que nous devons aussi rapporter. Pendant que S. Martin était dans l'attitude que nous venons de dire, ses bras, que les larges plis de ses vêtements avaient quittés et auxquels ne s'étendait pas l'étroite tunique dont nous avons parlé, furent miraculeusement ornés et couverts de bracelets d'or (*Rationale Divinorum Officiorum*, art. *de beato Martino*).

Un globe de feu apparaît sur la tête de S. Martin, et un ange lui apporte du ciel des bracelets d'or, pendant qu'il célèbre les saints mystères. B. MARTINVS, PAR APOSTOLIS (S. Martin, semblable aux Apôtres). *Ce sujet se trouve dans l'un des vitraux de la cathédrale du Mans, du XIIIe ou XIVe siècle. S. Martin est représenté avec le pallium romain, parce qu'on avait coutume de le représenter ainsi, au XIIe siècle, bien que dans la réalité il n'en ait jamais été décoré* (Voir *Œuvres posthumes de D. Mabillon et de D. Ruinart, II. 400*).

16. Dans un certain bourg, S. Martin, après avoir détruit un temple d'idoles, voulait encore faire couper un énorme pin qui était lui-même consacré au culte des faux dieux. Mais les payens, leur prêtre à leur tête, s'y opposaient, à moins qu'il ne consentît à faire un miracle. *Nous-mêmes, nous couperons l'arbre, lui disaient-ils, si tu veux le recevoir; si ton Dieu te protége, comme tu le dis, il saura bien te préserver.* S. Martin y consentit : alors les payens l'attachèrent là où l'arbre penchait et où il devait immanquablement tomber; puis, ils se mirent à couper l'arbre. L'arbre éclata et chancela, mais S. Martin détourna sa chute d'un signe de croix, et l'arbre alla tomber du côté opposé. Alors les payens, après le premier moment de la surprise, s'unirent aux chrétiens pour louer le vrai Dieu, et presque tous se convertirent.

S. Martin, attaché sous un énorme pin qui tombe sur lui, en détourne la chute d'un signe de croix. A CASV ARBORIS MIRABILITER SERVATVS (Sauvé miraculeusement de la chute d'un arbre).

17. Pour faire plus d'impression sur l'esprit des payens, S. Martin eut souvent recours à la prière pour renverser miraculeusement leurs temples, leurs colonnes, leurs idoles.

S. Martin est en prière. L'on voit s'écrouler un temple opulent, LEPROSVM (*peut-être,* Loroux, *en Touraine*)*; un autre temple,* APVD AEDVOS (chez les Autunois); *une pyramide immense,* IN AMBACIENSI VICO (au bourg d'Amboise), *et enfin une colonne surmontée d'une idole.* FALSIS SACRA NVMINIBVS SVBVERTIT (Il renverse les temples et les autels des faux dieux).

18. A la campagne, près de Tours, il y avait un autel que le peuple vénérait comme l'autel d'un martyr. S. Martin, non moins ennemi de la superstition que de l'idolâtrie, voulut s'assurer de la vérité du fait. Il se rendit sur le lieu, accompagné seulement de quelques clercs; après avoir fait sa

prière, il aperçut à sa gauche un horrible spectre, qu'il força de confesser qu'il n'avait rien de commun avec un martyr de Jésus-Christ, et qu'il n'était qu'un misérable voleur, exécuté pour ses crimes. S. Martin fit aussitôt renverser l'autel.

S. Martin renverse l'autel d'un faux martyr : PSEVDOMARTYRIS ALTARE DIRVIT. *Le faux martyr lui-même, évoqué par la prière de S. Martin, sous la forme d'un spectre affreux, est forcé de confesser ce qu'il est :* NON MARTYR, SED LATRO (Je ne suis pas un martyr, mais un voleur).

19. Aux portes de Paris, S. Martin embrasse un lépreux qui faisait horreur à tout le monde : il le bénit et le guérit.

Entre Paris, PARISIIS, *et la campagne, S. Martin, au milieu de divers groupes de personnes, embrasse un lépreux.* LEPROSVM OSCULO SANAT (Il guérit un lépreux, en l'embrassant).

20. « Avant S. Martin, il y avait très-peu d'hommes, il » n'y avait presque pas d'hommes dans ces contrées qui » crussent en Jésus-Christ; mais il fit tant par ses vertus » et par son exemple, qu'il ne resta aucun lieu qui ne » fût couvert d'églises très-rapprochées les unes des au- » tres, ou de monastères. Car, quand il avait renversé des » temples payens, il les remplaçait aussitôt par des églises ou » des monastères. » Ce passage de S. Sulpice Sévère est fort remarquable sous plus d'un rapport.

S. Martin administre le baptême à de longues files de nouveaux convertis. Il administre le baptême, selon l'usage du XIIIe *siècle, c'est-à-dire, en même temps par effusion et par immersion.* EX PENE NVLLIS, INNVMERI VBIQVE, IPSO EPISCOPO, CHRISTIANI (Sous son épiscopat, les chrétiens devinrent partout innombrables, lorsqu'auparavant à peine en existait-il quelques-uns dans ces contrées).

21. Comme il se rendait à Chartres, avec quelques-uns de ses disciples, il fut entouré, près d'un bourg, dont tous les habitants étaient idolâtres, d'un peuple innombrable, avide de contempler un homme si extraordinaire. S. Martin se mit

à leur annoncer l'Évangile. Cependant une femme, qui venait de perdre son fils, fendit la foule et déposa le corps de son enfant aux pieds de S. Martin, en le conjurant, les bras étendus, de le lui rendre. En même temps, la multitude joignit ses prières à celles de la pauvre mère. S. Martin, considérant combien un miracle pouvait contribuer à la conversion de ces pauvres idolâtres, prit l'enfant dans ses bras, lui rendit la vie et le remit à sa mère. Toute cette multitude se jeta aussitôt aux pieds de S. Martin, en faisant retentir l'air de ses acclamations, et en demandant la grâce du christianisme. En effet, sans aucun retard, là où l'on était, au milieu de la campagne, S. Martin leur imposa la main, et les admit au catéchumenat.

S. Martin, entouré d'une grande multitude, prend entre ses bras l'enfant mort d'une femme éplorée. Celle-ci le conjure de lui rendre la vie : TV ES AMICVS DEI ; REDDE MIHI FILIVM MEVM (Tu es l'ami de Dieu ; rends-moi mon fils).

22. S. Martin fut obligé, pour les raisons les plus fortes, de se présenter, trois ou quatre fois au moins, devant les empereurs, qui tenaient alors leur cour pour les Gaules à Trèves. Le premier voyage de S. Martin à Trèves eut lieu, sous Valentinien Ier, au plus tard dans les premiers mois de 375. Il y eut beaucoup à souffrir de l'impératrice Justine, qui favorisait l'arianisme. Le second voyage de S. Martin, et c'est celui qui fait le sujet de ce tableau, eut lieu en 383 ou 384. Maxime venait de se révolter contre Gratien et de le détrôner. S. Martin alla intercéder pour un grand nombre de criminels, et particulièrement pour les Priscillianistes. Les Priscillianistes avaient été justement condamnés pour leurs hérésies et leurs impiétés ; mais certains évêques, à la tête desquels il faut placer Ithace, oubliant la douceur évangélique, excitaient l'empereur contr'eux, et voulaient encore leur mort ; ce qui faisait horreur à S. Martin. L'empereur reçut avec bienveillance l'évêque de Tours, et il l'invita même

à manger à sa table. Mais S. Martin refusa, en disant avec une liberté vraiment apostolique, « Qu'il ne pouvait s'asseoir à la « table de celui qui, de deux empereurs, avait ôté le trône à » l'un et la vie à l'autre » (*Se mensæ ejus participem esse non posse, qui duos imperatores, unum regno, alterum vitâ expulisset*). S. Ambroise avait déjà fait le même refus. Cependant, vaincu ou par les explications ou par les prières de l'empereur, il finit par accepter; et ce fut alors qu'après avoir reçu de l'empereur la coupe et y avoir trempé les lèvres, il la présenta, par honneur, non à l'empereur, mais au prêtre qui l'accompagnait toujours. S. Martin obtint la grâce des Priscillianistes, mais il ne fit que retarder leur mort. S. Martin ayant quitté Trèves, les évêques de cour réagirent sur l'esprit de l'empereur, et les Priscillianistes furent mis à mort en 385.

S. Martin, accompagné de son prêtre, se présente devant l'empereur Maxime, qui est assis sur son trône. PRO PRISCILLIANISTIS SVPPLICAT IMPERATORI (Il intercède, près de l'empereur, pour les Priscillianistes). *L'on voit dans un côté, la table et la coupe du festin.*

23. Selon ce que nous avons déjà dit (*au n° 20*), S. Martin établit un grand nombre d'églises et de monastères. S. Grégoire de Tours nous a conservé les noms de quelques-unes de ces fondations primitives.

S. Martin bénit des églises sans nombre. IAM NVLLVS LOCVS, QVI NON ECCLESIIS FREQVENTISSIMIS SIT REPLETVS (Il n'y a plus d'endroit, qui ne soit couvert d'églises) : ALINGAVIENSIS (Langeais); SOLONACENSIS (Sonne); AMBACIENSIS (Amboise); CISOMAGENSIS (Chisseau-sur-Cher); TORNOMAGENSIS (Tournon); CONDATENSIS (Candes).

24. S. Martin, probablement en 386, retourna encore à la cour, afin d'intercéder en faveur d'autres criminels ou réputés criminels, et notamment en faveur du comte Narse et de Leucade, gouverneurs de province, qui avaient tous

deux encouru l'animadversion du vainqueur pour avoir défendu avec trop de générosité le parti de Gratien. S. Martin priait, pressait, conjurait l'empereur de pardonner à tant de malheureux ; et, d'un autre côté, il refusait courageusement de communiquer avec les évêques Ithaciens, qui, au mépris des lois les plus sacrées, avaient provoqué et provoquaient encore tant de cruautés. Mais l'empereur se montra inexorable, à moins que S. Martin ne consentît à communiquer avec les Ithaciens. S. Martin refusa encore. Alors l'empereur donna l'ordre d'exécuter les coupables, le lendemain. A cette nouvelle, qui lui parvint au milieu de la nuit, S. Martin, dès le matin, se précipita au palais, promit ce qu'on exigeait de lui, et, dès le jour même, il communiqua avec les évêques Ithaciens, en assistant au sacre de Félix, nouvel évêque de Trèves. Il ne voulut pas pourtant donner sa signature pour attester cette communion. Mais cet acte d'excessive condescendance de la part de S. Martin ne servit à rien : l'empereur sembla d'abord tout promettre, et n'en tint ensuite aucun compte.

S. Martin, toujours accompagné de son prêtre, se prosterne aux pieds de l'empereur pour obtenir la grâce des coupables; mais l'empereur se lève en colère, fait un signe négatif et menaçant, et passe dans un autre appartement, pour donner l'ordre de l'exécution. NIL ANNVO, NISI CVM EPISCOPIS NOSTRIS COMMVNICES (Je n'accorde rien, à moins que tu ne communiques avec nos évêques).

25. Cependant S. Martin ne tarda pas à se reprocher sa faiblesse, et à reconnaître qu'il ne jouirait pas même du fruit de sa complaisance. La ville de Trèves devint comme un remords pour lui. Aussi il se hâta de s'en éloigner, dès le lendemain. Après avoir fait trois lieues, arrivé au milieu d'une sombre forêt, près le bourg d'Echternach, il laissa cheminer devant lui ceux qui l'accompagnaient, et là, seul au milieu de la solitude, il se prit à réfléchir de nouveau sur

son action : tantôt sa conscience l'accusait de lâcheté et de prévarication, et tantôt elle l'excusait, à raison de la pureté des motifs qui l'avaient déterminé. Tout-à-coup, un ange lui apparaît, et lui dit : « C'est avec raison, ô Martin, que tu » t'affliges ; mais tu ne pouvais pas faire autrement. Reprends » courage et arme-toi de constance, de peur de t'exposer, » non plus au danger de perdre la gloire, mais au danger » de perdre le salut. » S. Martin vécut encore seize ans, et il ne cessa jamais de se reprocher avec larmes cet instant de faiblesse, bien que son cœur n'y eût pris aucune part. Il reconnaissait aussi que depuis ce moment, il n'avait plus eu autant d'autorité surnaturelle.

Au milieu de la forêt d'Echternach, ANDETHANNA, *S. Martin, à genoux, a les yeux et les mains élevés vers le ciel, et un ange lui adresse la parole* : MERITO CVMPVNGERIS, MARTINE, (*sed aliter exire nequisti. Repara virtutem; resume constantiam, ne jàm non periculum gloriæ, sed salutis incurreris*).

26. Devenu évêque, S. Martin occupa d'abord une petite cellule attenante à l'église matrice ; mais, afin d'éviter les trop fréquentes visites, il ne tarda pas à se construire un petit monastère à deux milles de la ville, entre une petite montagne et la Loire, dans un lieu solitaire et retiré, où l'on ne pouvait pénétrer que par un seul sentier. Son habitation consistait dans une petite cellule en bois, avec une cour ou un préau. Bientôt des disciples, dont beaucoup appartenaient à des conditions distinguées, vinrent se placer sous sa direction, et le nombre s'en accrut peu à peu jusqu'à quatre-vingts. Ils occupaient aussi chacun une petite cellule en bois, ou seulement une petite grotte creusée dans le tuf de la montagne. Ils mangeaient en commun, ne sortaient point et ne buvaient jamais de vin. La plupart étaient vêtus de tuniques de poil de chameau ; la vie douce était pour eux un crime ; leur occupation était de prier, de transcrire des

livres et de cultiver la terre. Beaucoup de ces moines devinrent eux-mêmes, dans la suite, évêques ou abbés. Telle est la première origine de Marmoutier, de ce monastère si célèbre, qui occupe une si grande place dans l'histoire ecclésiastique et civile des Gaules, depuis le ve jusqu'au XIXe siècle.

Origine de Marmoutier : MAIVS MONASTERIVM. *S. Martin, à genoux, dans sa cellule, ayant derrière lui un banc à trois pieds* (tripetia), *converse avec un ange. Un moine transcrit des livres; un autre cultive la vigne; un troisième monte vers une chapelle.*

27. A une époque qui n'est pas encore bien déterminée, S. Martin vint au Mans pour assister S. Liboire dans ses derniers moments. Avant d'arriver à la ville, S. Martin, monté sur un âne, comme il avait accoutumé, aperçut dans une campagne un sous-diacre nommé Victur, occupé à bêcher sa vigne, couvert de poussière de la tête aux pieds et chantant les louanges de Dieu. S. Martin, qui avait déjà peut-être entendu parler de Victur, et qui connaissait d'ailleurs par révélation qu'il devait être évêque du Mans après S. Liboire, le salua comme s'il eût déjà été revêtu de cette dignité. En effet, après la mort de S. Liboire, S. Victur fut élu par le peuple et sacré évêque du Mans par S. Martin. En même temps, S. Martin donna le voile religieux à Maure, femme de S. Victur, et tint sur les fonts sacrés leur fils, nommé Victeur, âgé de dix ans. Ce voyage de S. Martin au Mans nous est attesté par les Actes des Évêques du Mans, par quatre Vies différentes de S. Liboire, insérées dans les Bollandistes, par une Vie de S. Victur, insérée dans le même recueil, et par le Martyrologe de Bède (*kal. sept.*). Ce fait doit passer pour constant, selon la réflexion du P. Stilting (*Bolland., Aug. V.* 143), puisqu'il repose sur des preuves très-fortes, et qu'il n'est combattu par aucune objection de quelque valeur.

A la campagne, près Le Mans, CENOMANNIS, *dont on aperçoit l'église matrice, S. Martin, monté sur un âne et accompagné de son prêtre, rencontre le sous-diacre Victur, bêchant sa vigne, et il le salue comme devant être évêque du Mans :* AVE, DOMNE VICTVRE, CENOMANNORVM EPISCOPE (Je vous salue, seigneur Victur, évêque des Manceaux). *Plus loin, l'on voit* Maure, MAVRA, *femme de S. Victur, et le jeune* Victeur, VICTVRIVS, *âgé de 10 ans.*

28. S. Martin étant allé à Candes (petit bourg sur les confins de la Touraine et du Poitou, et baigné alors par les eaux de la Vienne), pour y rétablir la paix parmi le clergé de cet endroit, y tomba malade. Rien de plus instructif, que les détails de sa dernière maladie, qui nous ont été conservés avec soin par S. Sulpice Sévère, dans son épître à Bassule. Lorsqu'il annonça sa fin à ses disciples, ceux-ci fondirent en larmes et se répandirent en supplications : « Pourquoi, » Père, nous abandonnez-vous? ou à qui nous laissez-vous, » dans notre désolation? Les loups ravisseurs attaqueront » votre troupeau, et, le pasteur n'étant plus, qui nous dé- » fendra de leurs morsures? Nous savons que vous désirez » jouir de Jésus-Christ ; mais votre récompense vous est » assurée, et elle ne sera pas moindre, pour être différée. » Ayez plutôt compassion de ceux que vous délaissez. » Ce fut alors que S. Martin fit cette réponse si connue : «Seigneur, » si je suis encore nécessaire à votre peuple, je ne refuse » pas le travail. Que votre volonté soit faite. » Sur quoi S. Sulpice Sévère s'écrie : « O homme ineffable, qui n'a » pu être vaincu ni par le travail ni par la mort, et qui, » indifférent entre la vie et la mort, n'a ni craint de mourir » ni refusé de vivre ! » Il était couché sur la cendre et le cilice, l'esprit toujours occupé de Dieu ; et, comme ses disciples voulaient le placer sur quelques grossiers vêtements : « Enfants, leur dit-il, il ne convient pas qu'un chrétien » meure autrement que sur la cendre. » L'on voulut essayer

de donner une autre position à ses membres défaillants : « Permettez, permettez, mes Frères, s'écria-t-il, que je » regarde plutôt le ciel que la terre, afin que mon âme » prenne déjà son essor vers le Seigneur. » Ayant alors aperçu près de lui le démon, sous une forme hideuse : « Pour- » quoi, bête cruelle, te tenir ici ? Malheureux, tu ne trou- » veras rien en moi. Le sein d'Abraham s'ouvre pour moi. »

S. Martin, couché sur la cendre et le cilice, les mains et les yeux élevés au ciel, entouré de clercs et de moines dans la désolation, confie à Dieu cette pensée : DOMINE, SI ADHVC SVM NECESSARIVS, NON RECVSO LABOREM. *Il adresse ensuite au démon ces autres paroles :* QVID HIC ADSTAS, CRVENTA BESTIA? (*Nihil in me, funeste, reperies. Abrahœ me sinus recipit*).

29. S. Martin mourut, à Candes, à l'âge de 81 ans, l'an 397, ou plus probablement l'an 400, le 6 ou plutôt le 11 novembre.

S. Martin vient de rendre le dernier soupir, entouré de clercs et de moines. Deux anges thuriféraires accompagnent son âme au ciel. DORMITIO B. MARTINI, GLORIOSISSIMI GALLIARVM THAVMATVRGI (Sommeil du bienheureux Martin, de l'illustre Thaumaturge des Gaules).

30. S. Martin, après sa mort, apparut, à Toulouse, à S. Sulpice Sévère, pendant qu'il goûtait un léger sommeil. Il était vêtu d'une tunique blanche ; son visage était éclatant, sa chevelure brillante comme la pourpre ; il tenait dans sa droite le Livre de sa Vie (*Vita B. Martini*), qui avait été écrit par S. Sulpice Sévère. S. Martin s'approcha et lui toucha légèrement la tête de la main, avec l'expression d'une bonté et d'une tendresse ineffable. L'on peut voir les autres détails de cette apparition surnaturelle, dans l'Épitre de S. Sulpice Sévère au diacre Aurélie. S. Sulpice Sévère fut inconsolable de la mort de S. Martin.

S. Martin apparaît, après sa mort, à S. Sulpice Sévère, pendant son sommeil. Il tient de la main droite un livre sur lequel on lit, VITA B. MARTINI. *A la nouvelle de la mort de S. Martin, S. Sulpice Sévère s'écrie :* PREMISI PATRONVM, SED PRESENTIS VITE AMISI SOLATIVM (J'ai envoyé avant moi, *dans l'autre vie,* un patron ; mais j'ai perdu le bonheur de la vie présente).

31. Dès que la nouvelle de la mort de S. Martin se fut répandue, les habitants du Poitou vinrent en foule pour réclamer son corps, parce que le saint Prélat avait fondé leur monastère de Ligugé. Les habitants de la Touraine ne manquèrent pas de s'y opposer. Une journée entière s'étant passée dans ce débat, la solution en fut renvoyée au lendemain, et les deux camps placèrent des gardes à la porte de la maison mortuaire. Mais, au milieu de la nuit, pendant que les Poitevins dormaient d'un profond sommeil, les Tourangeaux descendirent le corps par une fenêtre, le déposèrent en toute hâte sur un bateau, et l'amenèrent à Tours, par les eaux de la Vienne et de la Loire. Quant aux Poitevins, honteux de ce qui venait de leur arriver, ils se retirèrent sans chercher à faire aucune nouvelle tentative *(S. Greg. Turon., Hist. Franc. lib. I. N.° 43).*

Le corps de S. Martin, exposé sur une estrade et entouré de moines et de clercs, est placé sur un bateau et s'éloigne de Candes, en descendant le cours de la Vienne. Candes était alors baigné par les eaux de la Vienne. PER VIGENNAM, PICTAVIS DORMIENTIBVS, A TVRONIBVS REDVCITVR (Le corps de S. Martin est ramené par les Tourangeaux, par les eaux de la Vienne, pendant que les Poitevins sont livrés au sommeil).

32. Après avoir descendu la Vienne jusqu'à son confluent, le convoi remonta la Loire, et arriva à Tours. S. Martin fut enterré dans le cimetière des chrétiens, sur la rive gauche de la Loire, à environ 550 pas de la ville. Le convoi de l'inhumation se composait de 2,000 moines, d'un grand nombre de moniales et d'un concours immense de fidèles de toutes les conditions.

Obsèques de S. Martin, avec un immense concours de religieux et de fidèles de toutes les conditions, dans le cimetière des chrétiens, à Tours. CUM MAGNO PSALLENTIO TERRE MANDATVR) (Il est déposé en terre, avec une grande solennité de chants sacrés).

33. S. Brice, que S. Martin avait élevé et converti par son inépuisable douceur, lui succéda sur le siége de Tours. Connaissant mieux que tout autre quelles avaient été les vertus de S. Martin, et témoin des prodiges que Dieu opérait chaque jour à son tombeau, S. Brice fit transférer son corps dans une petite basilique, qui n'était éloignée de là que de quelques pas et qui était dédiée à S. Étienne. S. Brice mourut en 447.

S. Brice prie sur le tombeau de S. Martin, dans la basilique de S. Étienne. BASILICA S. STEPHANI A BRICTO VISITATA.

34. Grand concours d'énergumènes au tombeau de S. Martin, et beaucoup de guérisons.

Des énergumènes se pressent autour de la petite basilique de S. Étienne, où est déposé le corps de S. Martin, et sont guéris : CONCVRRVNT ENERGVMENI, ET CVRANTVR.

35. S. Martin eut des disciples qui lui firent une grande célébrité : S. Brice, son successeur sur le siége de Tours; S. Paulin, évêque de Nole; S. Clair, abbé; Sulpice Sévère, prêtre, à qui beaucoup donnent le titre de saint ou au moins de bienheureux, etc. Il fallait que le monastère de Marmoutier fût dans une grande réputation de sagesse et de sainteté, pour que le même Sulpice Sévère ait pu écrire : *Quelle ville, quelle église ne désire pas avoir ses prêtres du monastère de S. Martin?* D'un autre côté, le tombeau de S. Martin devenant de plus en plus célèbre par les miracles qui s'y faisaient chaque jour, il se forma bientôt un corps de clercs spécialement chargé de veiller à sa garde, de distribuer les aumônes des fidèles et de célébrer les saints offices dans la petite basilique de S. Étienne. Ce corps de clercs forma plus tard le monastère et ensuite le chapitre de

S. Martin, dont la réputation se lie avec toute l'histoire de France, et qui a subsisté jusqu'en 1790.

Le tombeau de S. Martin entouré de ses disciples et des clercs qui en ont la garde. IN DISCIPVLIS AC IN CLERICIS CVSTODIBVS SVPERSTES (S. Martin se survit dans ses disciples et dans les clercs qui ont la garde de son tombeau).

36. Concours immense, au tombeau de S. Martin, d'aveugles, de sourds, de boîteux, de lépreux et d'infirmes de toute sorte. Il y eut un si grand nombre de guérisons, que S. Grégoire de Tours, qui occupa lui-même le siége de Tours de 573 à 595, en a fait le sujet de quatre Livres entiers.

Près de la basilique de S. Étienne et du tombeau de S. Martin, des aveugles, des boîteux, des sourds, des infirmes de toute sorte. CECI VIDENT, CLAVDI AMBVLANT, LEPROSI MVNDANTVR, SVRDI AVDIVNT (Les aveugles voient, les boîteux marchent, les lépreux sont guéris, les sourds entendent).

37. Clovis I, après la victoire de Vouillé et la conquête sur les Visigoths de toute l'Aquitaine, revint à Tours et offrit en actions de grâces, à la basilique de S. Martin, de très-riches présents. Il était revêtu des insignes consulaires qu'il venait de recevoir de l'empereur Anastase Dicore. Ensuite, sorti de la basilique, il monta à cheval et distribua lui-même au peuple, à pleines mains, des pièces d'or et d'argent, depuis S.-Martin jusqu'à la basilique ou église matrice de S.-Maurice.

Clovis I, tenant entre ses mains un plateau couvert de pièces d'or et d'argent, et de chartes, s'avance vers l'autel, et va en faire hommage à S. Martin. Dans un angle, sainte Clotilde, à genoux et en prière. CHLODOVEVS, DEVICTIS VISIGOTHIS, AD ALTARE B. MARTINI (Clovis, après avoir défait les Visigoths, à l'autel de S. Martin).

38. Un culte religieux public était déjà décerné à S. Martin, et il se faisait toujours de nouveaux miracles à son tombeau. L'on commençait à reprocher aux habitants de

Tours de laisser un si précieux dépôt dans une si chétive église. Pour faire cesser ces trop justes plaintes, S. Perpet ou Perpétue, qui occupa le siège de Tours de 464 à 494, éleva à S. Martin une belle basilique, dont S. Grégoire de Tours nous a conservé la description. Le 4 juillet, jour anniversaire de la consécration épiscopale de S. Martin, S. Perpétue fit et la dédicace de la nouvelle basilique et la translation du corps de son saint prédécesseur. Le souvenir de cette triple solennité s'est conservé jusqu'à nos jours dans la liturgie, sous le titre de la translation de S. Martin, et, parmi les fidèles, sous la dénomination de la S.-Martin d'été. On disait, au XIIIe siècle, la fête de S. Martin *le Bouillant* (*festum S. Martini Bullientis*). C'est la fête patronale de plusieurs églises.

Le 4 juillet, S. Perpétue bénit la basilique qu'il a bâtie pour recevoir le corps de S. Martin. TRINA CONSECRATIONIS EPISCOPALIS, ELEVATIONIS CORPORIS ET DEDICATIONIS BASILICE B. MARTINI SOLEMNITAS (Triple solemnité du sacre épiscopal, de l'élévation du corps et de la dédicace de la basilique de S. Martin).

59. En l'an 800, Charlemagne, après avoir passé l'hiver à Aix-la-Chapelle, en partit à la mi-mars, célébra, à l'abbaye de Saint-Riquier, la fête de Pâques, qui était, cette année-là, le 19 d'avril; et, après avoir visité Rouen, les côtes de la Normandie et Le Mans, il se rendit à Tours, pour y honorer le tombeau de S. Martin et y conférer avec le célèbre Alcuin, qui avait été son précepteur et qu'il avait nommé abbé de S.-Martin. Son passage au Mans fut précieux pour l'église du Mans : l'église matrice tombait en ruines, et ses ruines étaient dispersées de toutes parts; tout ce qui tenait au culte divin, était abandonné, pillé, anéanti. Charlemagne ayant demandé la cause d'un tel état de choses, l'évêque répondit que cela venait de ce que l'église matrice avait été spoliée de ses biens. « Alors Charlemagne,

» dit l'historien des Évêques du Mans, se rappelant qu'en » effet, il avait dépouillé l'église du Mans de ses biens, à » cause d'une certaine machination de Gauziolène, son » évêque, ce qu'il n'avait fait à aucune autre église de son » empire, s'en affligea beaucoup, et il se prit à réfléchir et » à délibérer avec ses conseillers, sur les moyens de remé- » dier au mal. » En effet, il prit sur le champ toutes les mesures possibles pour faire restituer peu à peu à l'église du Mans tous les biens qui lui avaient été enlevés; ce qu'il confirma plus tard par un décret daté à Aix-la-Chapelle, le 23 avril 802 (*Anal.*). Charlemagne passa plusieurs jours à Tours, parce que Luittgarde, sa quatrième femme, y tomba malade et y mourut. Elle fut enterrée dans la basilique de S. Martin. Par un diplôme du 2 juin, Charlemagne exempta cette abbaye du droit de péage pour ses bateaux sur les rivières de la Loire, de la Sarthe, de la Mayenne, du Loir et de la Vienne; et par un autre diplôme du 3 juin, il approuva l'abbaye de Cormery et la plaça sous la protection de S. Martin de Tours (*Gall. Christ.*, XIV, 6). Enfin, le 4 juin, Charlemagne quitta Tours pour retourner à Aix-la-Chapelle, en passant par Orléans et Paris. Il se rendit à Mayence, au commencement d'août, et, plus tard, à Rome, où il fut couronné empereur, le jour de Noël de cette même année.

Le roi Charlemagne, avec la reine Luittgarde, sa femme, en prière devant le tombeau de S. Martin. CAROLVS MAGNVS AD LIMINA B. MARTINI SVPPLEX.

40. Sous la première et sous la seconde race de nos rois, il est souvent parlé de la Chappe de S. Martin. Cette chappe, qui a aussi porté le nom de cape, de petite chappe ou chapelle, de mantel ou de manteau, et de rochet (*capa, cappa, capella, pallium, mantellum, sagum, roccus*), était, il y a tout lieu de le croire, cette grossière tunique du Bigorre, étroite et poilue, dont nous avons déjà parlé (N.° 15).

Elle était vénérée comme l'une des plus précieuses reliques de toute la France. Nos rois établirent une société de clercs pour veiller à sa garde, diriger les honneurs à lui rendre et célébrer près d'elle les saints offices. De là, ces clercs prirent le nom de *chapelains*, c'est-à-dire, de *custodes de la chappe* ou *de la chapelle*. En temps de paix, elle était conservée dans un des palais royaux, et en temps de guerre, elle était portée au milieu de l'armée, sous une tente ou dans un oratoire portatif, et toujours avec la plus grande solennité; c'était comme le salut de l'armée ou de l'habitation royale. *Quam (capam) secum ob suî tuitionem et hostium oppressionem jugiter ad bella portabant (Francorum reges)*, nous dit le moine de Saint-Gall (*De vitâ Caroli Magni, lib. I*). Le même historien, c'est-à-dire, le B. Notker, dit le Bègue, qui mourut, le 6 avril 912, parle encore ainsi de la Chappe de S. Martin (*ib., lib. II, cap.* 27): « Charles (Charlemagne) avait une pelisse de mouton qui » n'était pas d'une valeur beaucoup plus grande que ce » rochet de S. Martin, qui couvrait sa poitrine, lorsqu'il » offrit à Dieu les saints mystères, les bras nus, sous le » sceau d'un prodige céleste (*Carolus habebat pellicium* » *berbicinium, non multùm amplioris pretii, quàm erat* » *roccus ille S. Martini, quo pectus ambitus, nudis brac-* » *chiis, Deo sacrificium obtulisse astipulatione divinâ com-* » *probatur.* » Avec le temps, l'on donna le nom de chapelle, non plus seulement à la chappe de S. Martin, mais encore à l'oratoire où elle était renfermée, à toute autre relique quelconque, ou à tout autre oratoire renfermant une autre relique, et même aux oratoires qui n'en renfermaient aucune (Voir *Du Cange*, art. *Capa S. Martini*, et art. *Capella S. Martini*).

Dans un temps de guerre, la chappe de S. Martin est portée devant un roi de France de la deuxième race, au milieu de l'armée. CAPELLA B. MARTINI (Petite Chappe de S. Martin).

41. Pendant bien des siècles, l'on prêta un serment solennel sur le corps de S. Martin. Ce serment était souvent déféré par la justice elle-même. Quelquefois l'accusateur ou l'accusé devait conduire avec lui un certain nombre de témoins ou de seconds, non pour prêter le même serment, mais pour jurer qu'ils croyaient à la parole de celui qui le prêtait. De là, ces expressions de serment de la 5e, de la 7e, de la 10e ou de la 12e main (*Juramentum in quintâ, septimâ, decimâ, vel duodecimâ manu*). Pareil serment avait coutume d'être prêté sur toutes les reliques et dans tous les lieux de dévotion un peu célèbres (Passim, *S. Grégoire de Tours, Du Cange, Capitulaires des Rois de France, Baronius, etc.*).

Prestation d'un serment de la septième main sur le corps de S. Martin : IVRAMENTVM IN SEPTIMA MANV SVPER CORPVS B. MARTINI.

42. Lorsqu'en 1124, Louis-le-Gros s'avança contre Henri V, empereur d'Allemagne, et Henri I, roi d'Angleterre, à la tête de trois cent mille hommes, l'armée de France marcha, peut-être pour la première fois, sous la bannière de l'abbaye de Saint-Denis, si connue depuis sous le nom d'Oriflamme. Les comtes du Vexin, comme premiers vassaux de l'abbaye de Saint-Denis, en étaient les avoués ou les défenseurs, et par conséquent les porte-bannière (*Dapiferi*). Le comté du Vexin ayant été réuni à la couronne sous Philippe I, Louis-le-Gros, son fils et son successeur, se trouva investi de ce privilége (car c'en était un à cette époque). Louis-le-Gros le reconnaît lui-même dans une charte de 1124 (*Du Cange*, art. AURIFLAMMA). Ajoutons que ce roi avait été élevé à Saint-Denis, et que le pieux abbé de ce monastère, Suger, fut toujours son ministre, son conseil et son guide, et l'on s'expliquera comment se fit le changement dont nous parlons. A partir donc de ce moment, l'oriflamme fut la bannière de France, jusqu'à la

funeste bataille d'Azincourt, en 1415, où elle parut pour la dernière fois. Quelques-uns pourtant prétendent qu'elle n'a entièrement disparu qu'après Louis XI. Mais jusqu'à Louis-le-Gros, la bannière de France avait été, au moins le plus souvent, la bannière de l'abbaye ou du chapitre de Saint-Martin de Tours, qu'il faut bien se garder de confondre avec la Chappe de S. Martin, dont nous avons parlé. Beaucoup d'auteurs assurent que l'origine de cet usage ou de ce privilége remontait jusqu'à la conversion de Clovis, ou au moins jusqu'à des temps fort anciens. Ceci ne peut aucunement paraître invraisemblable, quand on se rappelle de quelle grande célébrité a joui S. Martin dans toutes les Gaules, dès le ve et le vi[e] siècle. En temps de paix, cette bannière était déposée et gardée sur le corps de S. Martin ; mais, si une guerre venait à éclater, la levée en était faite avec une grande solennité, après un jeûne et des prières, souvent par les rois en personne. Pendant l'expédition, la bannière était portée à la tête de l'armée par un grand du royaume, un duc ou un comte ; mais presque toujours par le comte d'Anjou, comme avoué ou défenseur de l'église de S. Martin (depuis le comte Ingelger, 867-888), surtout pendant les xe, xie et xiie siècles, les comtes d'Anjou étant alors, comme sénéchaux, la première dignité du royaume. Cette bannière était aussi portée dans les guerres particulières au chapitre de Tours ou aux comtes d'Anjou (*Encyclopédie méthodique*, ART MILITAIRE, art. ENSEIGNE ; *Du Cange*, art. VEXILLUM ; *De Mezeray*, Histoire de France, etc.).

La bannière de S. Martin portée à la tête d'un combat, par un comte d'Anjou, COMES ANDECAVIS, *et suivie d'un roi de France*. VEXILLVM B. MARTINI (Bannière de S. Martin).

43. Ainsi que nous l'avons déjà dit, S. Martin est le premier confesseur des Gaules que l'Église ait honoré d'un culte public. Son culte se répandit rapidement dans toutes les parties du monde chrétien, peu d'années après sa mort. Dès

la fin du ve siècle ou le commencement du vi[e], le Pape S. Symmaque (498-513) lui dédia une église à Rome, si même cette église ne lui avait pas déja été dédiée par l'un de ses prédécesseurs; et, plus tard, S. Grégoire-le-Grand inséra sa fête dans son Sacramentaire.

Au xie siècle, un autre pape honora la mémoire de S. Martin, en venant prier sur son tombeau. Urbain II, étant passé en France pour prêcher la première croisade, se rendit à Angers, où il consacra l'église du monastère de S. Nicolas, le 10 février 1096; et, le lendemain, approuva la fondation de Notre-Dame de la Roë, dont le premier abbé était le B. Robert d'Arbrisselles. Urbain quitta Angers pour se rendre à Glanfeuille, et ensuite, si l'on ajoute foi à Ordéric Vital, à Chinon. Le 14 février, il était à Sablé, où il donna une Bulle en faveur de S. Nicolas d'Angers. Le lendemain, il vint au Mans, et y passa le 16, le 17 et le 18. L'évêque Hoel le reçut dans son palais et le fêta « avec une incroyable magnificence, pendant 3 jours, » dit l'historien des Évêques du Mans (*Analecta, Vita Hoelli*). C'est le seul évêque du Mans, à qui il ait été donné de recevoir un pape. Le 19 février, Urbain se rendit à l'abbaye de Vendôme, où il passa 11 jours. Enfin, il arriva à Tours, le 2 ou le 3 mars, et fut reçu à l'abbaye de Marmoutier. Le dimanche 9, après avoir dit la messe à Marmoutier, s'étant placé sur une estrade en bois, sur le bord de la Loire, il adressa un discours au peuple, probablement sur la croisade. Le 10, il consacra la basilique, et le 11, il bénit le cimetière du monastère. Pendant le temps qu'il passa à Tours, le pape Urbain alla fréquemment prier sur le tombeau de S. Martin. Déjà le pape Adéodat avait accordé de grands privilèges au monastère ou chapitre de S. Martin, et le pape Adrien I lui avait donné un évêque particulier: Urbain II fit plus; il le soumit à l'autorité immédiate du Pontife Romain, en l'exemptant de toute autre juridiction, et régla, par une Bulle, la manière dont les légats du Saint-

Siége devraient y être reçus. Et, pour conserver le souvenir de ces divers priviléges, l'on fit entourer de chaînes de fer (*ferreis catenis*) les quatres principales colonnes du chœur; et ces chaînes de fer existaient encore, en 1724, et ont vraisemblablement été conservées jusqu'en 1790. Enfin, le pape Urbain tint un concile à S. Martin, la 3.e semaine de Carême, ordonna Marbode évêque de Rennes, régla beaucoup d'autres affaires importantes, et quitta Tours, pour retourner à Poitiers, dans les derniers jours de mars (*D. Ruinart: OEuvres posthumes de D. Mabillon et de D. Ruinart*).

Deux papes : l'un, S. Symmaque, S. SYMMACHVS PP., *près d'une église dédiée à S. Martin; et l'autre, Urbain II,* VRBANVS PP. II, *dans l'intérieur de la basilique de S. Martin, dont on aperçoit les quatres colonnes entourées de chaînes de fer.*

44. Écommoy est connu des historiens de la province du Maine, dès les temps les plus anciens. En l'an 643, S. Hadouin donna à la basilique de S. Pierre et de S. Paul de la Couture du Mans, la villa d'Écommoy, dans le Belinois, qu'il avait achetée d'Auserenus et de sa mère (*Villam proprietatis meæ* Iscomodiaco, *sitam in pago Belim*, *quam etc.*). En 802, Charlemagne rendit et confirma à l'église du Mans, le bourg *public* d'Écommoy (*de Scomiaco*); et, en 832, Louis-le-Débonnaire, son fils, en assura les dîmes et autres redevances à la cathédrale du Mans (*Analect., in-fol., pag.* 268 *et* 295, *et Miscell. Baluz. III.* 31). D'un autre côté, d'après les divers pouillés du diocèse, S. Martin est, de temps immémorial, le patron d'Écommoy. Il est donc permis de penser que le patronage de S. Martin, Écommoy étant aussi ancien, remonte vraisemblablement à des temps peu éloignés de la mort du saint évêque de Tours.

Les anciens habitants d'Écommoy, ISCOMODIACENSES, *bâtissent une église et la dédient à S. Martin, le premier confesseur des Gaules, honoré d'un culte public* : B. MARTINO, PRIMO GALLIARUM CONFESSORI. *Tous prennent part à cette pieuse entreprise. L'on voit, au haut du tableau, la statue de S. Martin. S. Martin est représenté ici avec la chasuble antique et le pallium romain, comme on le représentait au XIIIe siècle. L'on s'est autorisé, pour déroger ainsi à l'usage d'aujourd'hui, de deux sceaux du chapitre de S. Martin, l'un de 1215, et l'autre de 1260* (Trésor de Numismatique et de Glyptique, Sceaux des Communes, Communautés, etc., *pag.* 30 *et pl. XVII*).

45. Dès les temps les plus anciens, on dédia à S. Martin un grand nombre d'églises ou d'oratoires, dans toutes les parties du monde chrétien. Dans le seul diocèse du Mans, ce nombre a pu s'élever à 200; et il y en a, encore aujourd'hui, environ 100. Ce seul fait prouve combien les Manceaux ont toujours eu de piété et de vénération pour le saint Évêque de Tours.

Des églises en grand nombre et de diverses époques sont bâties et dédiées par les Manceaux à S. Martin, A CENOMANNIS EXSTRUCTE ECCLESIE : *savoir*, Lavardin, DE LAVARZINO; *S. Martin* de Mayenne, MEDVANA; *S. Martin* de Sablé, DE SABOLLIO; *S. Martin* de Château-du-Loir, CASTRO LITH; Nouans, NOVANZ; Trôo, TROO; Allonne, ALONNA; Mansigné, MANSIGNEIO, etc.

LA NOUVELLE ÉGLISE D'ÉCOMMOY A ÉTÉ CONSACRÉE PAR Mgr BOUVIER, ÉVÊQUE DU MANS, LE 27 SEPTEMBRE 1843.

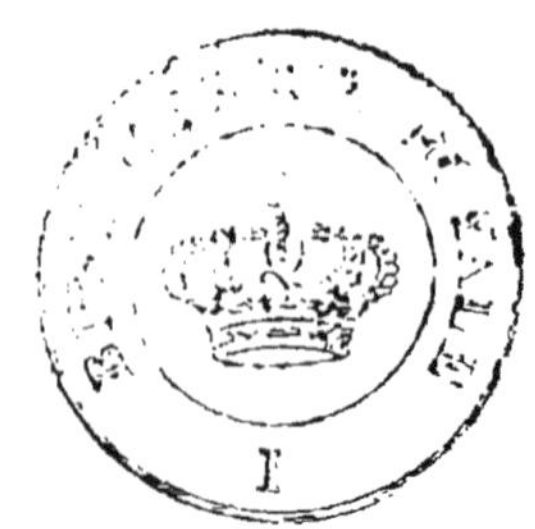

www.ingramcontent.com/pod-product-compliance
Ingram Content Group UK Ltd.
Pitfield, Milton Keynes, MK11 3LW, UK
UKHW022149190726
13855UKWH00004B/1406

9 782013 048538